古刻新韻

輯二

墨法集要 墨譜法式

〔明〕沈繼孫
〔宋〕李孝美

浙江人民美術出版社

古刻新韻

歷代版畫精品聚珍
中國圖像神韻再現

初輯

天工開物〔明〕宋應星
授衣廣訓〔清〕董誥等
宣德彝器圖譜〔明〕吕震
離騷圖〔明〕陳洪綬等
明刻傳奇圖像十種〔明〕王文衡
雲臺二十八將圖〔清〕張士保
康熙耕織圖〔清〕焦秉貞
園冶〔明〕計成
仙佛奇踪〔明〕洪應明
梅花喜神譜〔宋〕宋伯仁
芥子園畫譜全集〔清〕王槩等
茶具圖贊(外三種)〔宋〕審安老人等

二輯

晚笑堂畫傳〔清〕上官周
古玉圖考〔清〕吴大澂
任熊版畫〔清〕任熊
野菜博録〔明〕鮑山
墨法集要〔明〕沈繼孫
墨譜法式〔宋〕李孝美
素園石譜〔明〕林有麟
封泥考略〔清〕吴式芬等
停雲館法帖〔明〕文徵明等

三輯(即出)

欽定武英殿聚珍版程式〔清〕金簡
紅樓夢圖咏〔清〕改琦
竹譜詳録〔元〕李衎
植物名實圖考〔清〕吴其濬
山海經箋疏〔清〕郝懿行等
陳洪綬版畫〔明〕陳洪綬
文房肆考圖說〔清〕唐秉鈞
淳化閣帖〔宋〕王著
寶晉齋法書〔宋〕米芾
戲鴻堂法帖〔明〕董其昌

藝文志 ART&BOOK
地址：杭州市體育場路347號18樓 網址：mss.zjcb.com Email:ibiblion@live.com
郵編：310006 發行：0571-85176089

藏書票圖案選自《晚笑堂畫傳》

馬皇后

上以威武治天下后嘗濟之以寬仁因諫曰上已有衆正好積德不可暴怒致殺死者寃枉活人性命乃子孫之福國祚亦長

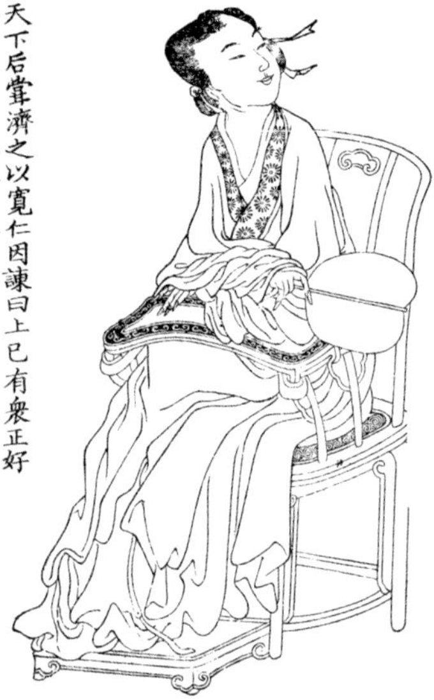

出版說明

「古刻新韻」叢書輯録歷代版畫精品，以小精裝、珍賞版的形式展現版畫之美。版畫是中國傳統藝術的重要品種，反映中國歷代禮制、名物、科技、文學、藝術等，是「美麗中國」的圖像庫。「古刻新韻」精選宋元明清内容經典、版本精良、畫面美觀的版畫呈獻給讀者，在數字讀圖背景下使讀者感受「中國式圖像」的神韻與魅力。

《墨法集要》一卷，明沈繼孫撰。沈繼孫，字學翁，洪武時人，但自署其籍爲姑蘇，餘不可考。繼孫自稱初受教于三衢墨師，後又從一僧得墨訣，遂并録成《墨法集要》一書。全書基本上依製墨過程分列爲二十一節，每節文字後附圖樣以彰文義，極爲詳贍明晰。而在敘述製作過程中，所用的器材和原料也漸次予以説明。故而《四庫全書總目提要》稱贊道：「此書由浸油以至試墨，敘次詳核，各有條理，班班然古法具存，亦可謂深于茲事矣。」

《墨譜法式》三卷，宋李孝美撰。李孝美，字伯揚，自署趙郡人。生卒年未詳。《墨譜法式》一書從圖、式、法三個層面詳細展示了古代墨文化：

上卷爲圖，凡采松、造窑、發火等八圖，今惟存采松、造窑二圖，餘皆有説無圖；中卷爲式，凡祖氏、奚庭珪、李超等十六家之式，亦各繪圖；下卷爲法，凡牛皮膠、鹿角膠等十一法。總之該書是了解我國製墨文化的重要典籍。

本次以《涉園墨萃》本爲底本影印出版。其中，《墨譜法式》卷上之圖，四庫館臣曾重新繪製，并補齊所缺發火等六圖。今將四庫本補繪之圖附録于後，以便讀者閱讀比較。

浙江人民美術出版社

二〇一三年七月

目録

明沈繼孫

墨法集要

舊鈔本四庫館本校

丁卯季夏
涉園重印

墨法集要原序

余錄墨法既成客有見者曰舊傳墨譜墨苑墨經之類者多矣又何用錄耶余曰墨譜諸家皆雜取墨工之言非身歷手試支具而已不足憑也聊舉其一以明之李廷珪之墨至宣和間黃金可得而李墨不可得矣爲世所貴如此其方秘密世無知者譜乃妄撰之用數藥煮汁鎔魚膠和松煤爲之大可笑也果可信而可從乎余初製墨時請方並試之用藥愈多而墨愈下其後受教于三衢之墨師乃並去藥惟膠煙細和熟杵之墨成色黑而光眞所謂如小兒目睛也具禮報之師拒不肯受惟戒不揚其姓名恐鄉

里同業者知之或怨時洪武之初也至今不得再見之余家自此從其法以爲墨識者謂墨有古意余思念師之德追憶師之言繼又得一僧墨訣遂幷錄之余非敢求多于墨譜諸家也身所歷手所試知其實之不戾于古墨工也客聞而善之曰可謂墨之實錄矣請以實錄名之使人知墨之法實在此不在彼其言實可信可從而于墨譜諸家實有補其所未究也洪武戊寅歲立春日吳門沈繼孫序

目錄

用藥　搜煙　蒸劑　杵擣
秤劑　鎚鍊　九擀　樣製
入灰　出灰　水池　研試
印脫

按墨法集要一卷明蘇州沈繼孫撰繼孫洪武時人自言初受教于三衢墨師後又從一僧得墨訣遂併錄成書凡爲圖二十附載圖一每圖各爲之說實近代造墨之所祖也古墨皆松煙南唐李廷珪始兼用桐油後楊振陳道眞諸家皆述其法元明以來松煙之製漸亡惟是法獨傳繼孫所製今

不存其工拙雖莫可攷而此書由浸油以至試墨敘次詳核各有條理班班然古法具存亦可謂深于茲事矣世傳晁氏墨經其說大略而明以來方氏程氏諸譜又斤斤惟花紋模式之是矜不若是書之縷析造法切于實用錄而傳之是亦利用之一端非他雜家技術徒爲戲玩者比也原本諸圖皆以施功先後爲序惟樣製圖後附以印脫之式未免參錯不倫其形製亦頗未合今以二十圖列于前而以印脫之式重加訂正退置卷末庶端緒秩然而體例尤爲盡善云四庫總目

浸油圖

浸油圖

水盆圖
墨法集要
二

水盆圖

油盞圖
墨法集要
三

墨法集要
煙椀圖
四

燈草圖

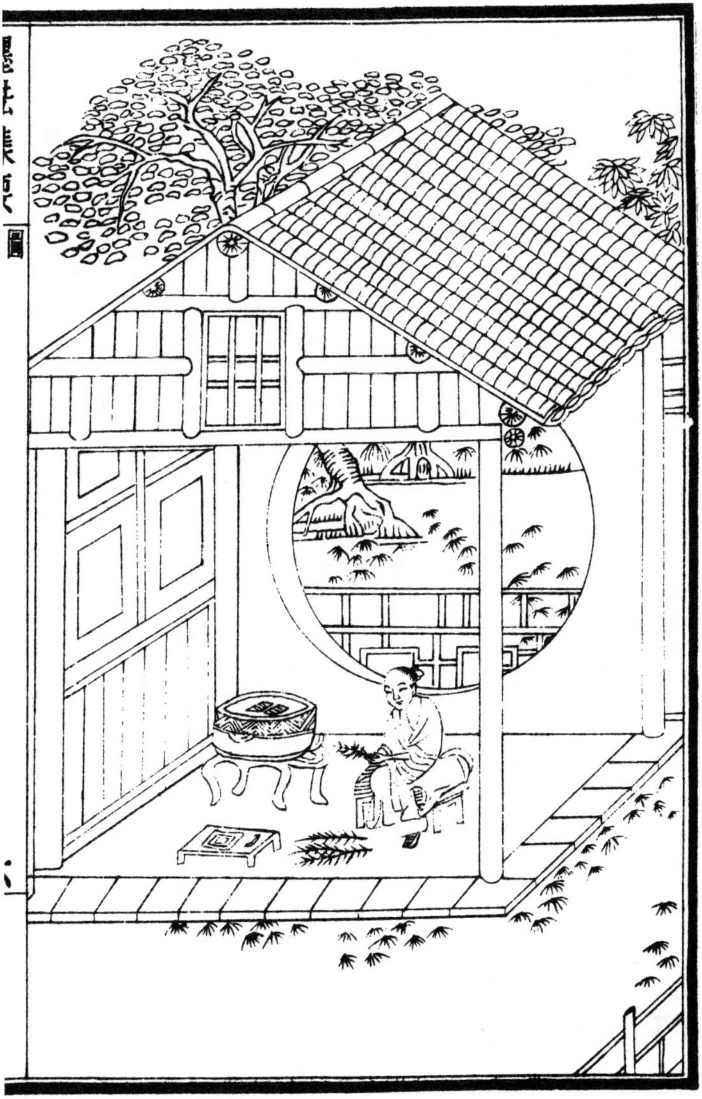

燈草圖

燒煙圖

燒煙圖

篩煙圖
墨法集要

篩煙圖

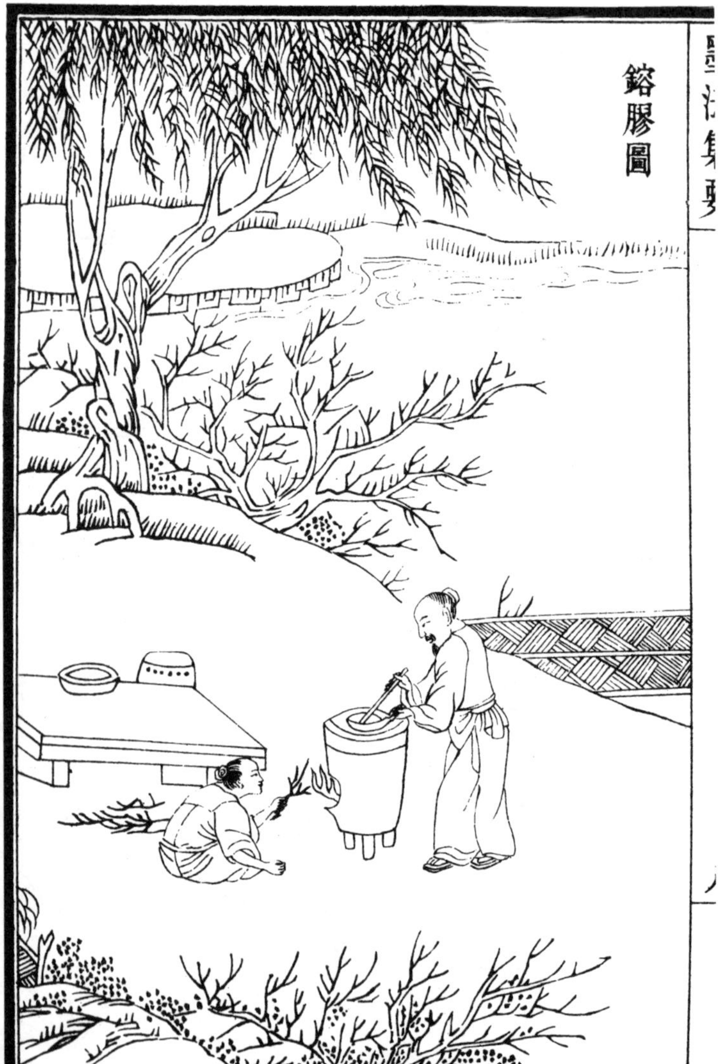
鎔膠圖

用藥圖
墨法集要
九

搜煙圖

搜煙圖

蒸劑圖

蒸劑圖

杵擣圖

秤劑圖

鎚鍊圖

鎚鍊圖

丸擀圖

樣製圖

入灰圖
墨法集要

入灰圖

出灰圖

出灰圖

水池圖

水池圖

研試圖

印脫圖

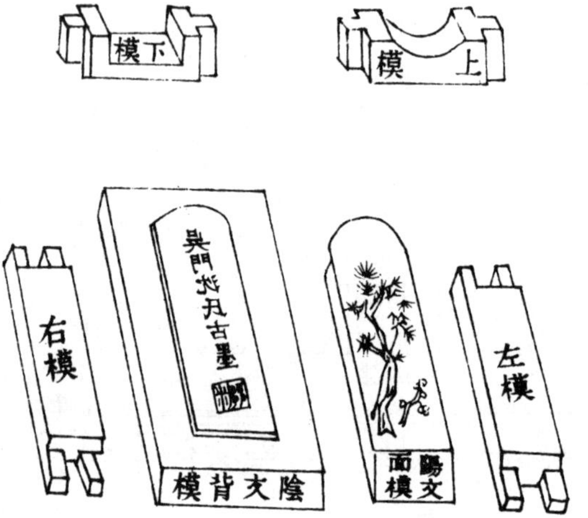

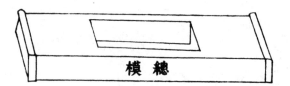

墨法集要

明沈繼孫撰

浸油

古法惟用松燒煙近代始用桐油麻子油燒煙衢人用皂青油燒煙蘇人用菜子油豆油燒煙以上諸油俱可燒煙製墨但桐油得煙最多爲墨色黑而光久則日黑一日餘油得煙皆少爲墨色淡而昬久則日淡一日每桐油十五斤芝麻油五斤先將蘇木二兩黃連一兩半海桐皮香仁紫草檀香各一兩梔子白芷各半兩木鼈子仁六枚右剉碎入麻油內浸半月餘日常以杖攪動臨燒煙時下鍋煎

令藥焦停冷漉去柤傾入桐油攪勻燒之今時少有用此浸油法者姑存其古云

水盆

用圓厚瓦盆內闊二尺一寸緣闊一寸深三寸半底平緣直近緣開指大一竅用縣塞住以備放水用長木架高三尺閣起水盆以薄甎七塊遶盆緣排轉盆中央置闊緣瓦煙筒一箇內闊六寸連緣共闊八寸高與盆口相齊筒內亦置薄甎一塊油盞置各甎塊上低盆口三分侵水離盞口三分中央一盞用鐵鴨脚穿定燈草每盞納燈草訖然後傾油將長柄煙椀蓋定燒之如盆中水熱則頻侵冷水

不可全換冷水冷則煙不昇上得煙絕少但侵水爲妙若水耗乾要侵滿時去了近緣煙椀油盞各一隻拔去竅縣放乾再塞住漏斗傾水換之仍以油盞煙椀補滿若水積久生膩浮起以搭籮去之盆有油膩乾硬黏定邊緣刀鏟去之清水洗淨方可再用一法用杉爲槽貯水底板最厚四向牆板次之內長七尺闊一尺四寸深三寸半平中用長木梁一條界爲兩路麻筋油灰黏固縫道莫令滲漏槽尾近底處開一圓竅以備放水高二尺櫈兩條閣之甎襯油盞于水內煙椀兩路蓋之每槽用盞椀各二十隻燒法與水盆同亦有石爲槽者

以椀唇外置瓦盆緣上內置瓦筒緣上須椀心正對瓿頭罩之椀口緣塗些薑汁急手掃煙若煙椀油汙內外皆便拭淨倘汙煙煤不堪用矣

燈草

揀肥大黃色堅實燈草截作九寸爲段理去短瘦取首尾相停者每用十二莖以少緜纏定頭于粗板上以手搓捲成一條令實復以少緜纏定尾夏極熱時減去草兩莖只用十莖搓捲仍舊用十二莖則得煙雖多而不良候捲得四五百條方用蘇木濃汁煎燈草數沸候紫色漉出曬令極乾紙裹藏之毋令塵汙用則旋取

燒煙

宜秋深冬初于明亮密室上置仰塵四向周密背處開一小門高限掛紙簾水盆置木架上盆竅向架外塞住竅侵水滿甎襯油盞于水內每盞傾油八分納燈草訖煙椀蓋之勿見風致煙落約四五刻掃煙一度則一度剔去燈草逐盞以筯剪去燈煤棄于水盆內否則燈花罩了火燄煙不能起以鵝翎掃煙入瓦盆中經宿始可併聚一器蓋之須以空煙椀一隻替下有煙椀掃之敲碎巴豆三四粒納油盞中發煙燄得煙多每日約掃一十餘度掃遲則煙老雖多而色黃造墨無[illegible]置水盆十枚自早至

暮燒之須揀無風之日若有風或煙房不密得煙皆少夏煙亦老必頻換冷水及減燈草爲良每桐油一百兩得煙八兩此爲至能忌油滴煙中及紅燄燈花落煙內則不堪用矣

篩煙

于密室中以手按定細生絹篩子徐徐麾下小口光浮缸內去其毛翎紙屑貯于紙糊籠中繩懸梁間毋近牆壁以傷濕氣用則旋取或皮紙糊袋藏之亦佳煙乃至輕之物切忌露篩露篩則飛揚滿室矣

鎔膠

魚鰾膠用清白如縣者冷水浸一宿令輭快斧剁碎每膠一兩入巴豆仁五粒搥碎與膠和勻箬葉裹定緊繫之煮十數沸去箬葉乘熱入闊口瓶中急杵極爛無核和藥汁內重湯煮化若用牛皮膠當揀黃明煎造得法者有等煎生者煮不化剉如指面大片子臨用先以些水灑潤候輭方下藥汁中重湯煮化巳上二膠臨鎔之際用慢火煎長竹箄不住手攪候之沫消清徹為度煮化得膠清墨乃不膩此最緊要大法每桐油煙一十兩正月二月十月十一月十二月用牛膠四兩半藥水一十兩四月五月八月用牛膠五兩半藥水九兩半六月七月用牛膠六兩藥水九兩每松煤

一斤用牛膠四兩或五兩藥水四時俱用半斤春冬宜減膠增水仲夏季夏孟秋宜增膠減水濾膠用細絹緜濾最佳若布濾租腳並下製墨有病藥水亦重絹濾之魚鰾膠不可純用止可用九分牛膠一分魚膠若二分便纏筆難寫世俗見坡詩有魚膠熟萬杵之句便謂墨須用魚膠癡漢面前難以說夢又貨墨者無一人肯辯其非詐言魚膠良是由是人信爲然堪一笑也凡使牛膠必以好牛皮或做鼓處裁下剩牛皮煎成者方好若熟皮家刮下皮屑煎成者則力淺不堪用膠好方始有力可以減斤兩用墨因膠少煙多故倍加黑名爲輕膠墨色黑且淸利于速售但

年遠久藏處恐色退若造久藏墨須用桐油燒煙十兩陳年牛膠四兩半陳年魚膠半兩秦皮蘇木各半兩煎濃汁搜和蒸杵製之歲久愈黑愈堅矣予舊時荆溪吳國良所造牛膠墨至今五六十年儼如古墨何言牛膠之墨不善耶世有造熱膠墨者非膠帶熱下也于鎔膠之時傾藥水在內候膠煮得清熟若藥水耗少更添得法方可搜煙必上甑蒸透硬劑杵成熟劑取出用力揉輭才堪丸擀上印如此造者謂之熱膠墨也有造冷膠墨者非膠待冷下也但以膠投藥水中煮化不問清濁生熟傾入煙中圖得成劑便上印脫不蒸不杵以此膠力不勻委質頓劣如此造

者謂之冷膠墨也凡造膠製墨宜在正月二月十月十一月餘月造者大熱則造膠不凝製墨多碎大寒則造膠凍瘃製墨斷裂小墨尚可大墨決不可爲也

用藥

用藥之法非惟增光助色取香而已意在經久使膠力不敗墨色不退堅如犀石瑩澤豐腴膩理可愛此古人用藥之妙也藥有損有益須知其由且如綠礬青黛作敗麝香雞子青引濕榴皮藤黃減黑秦皮書色不脫烏頭膠力不隳紫草蘇木紫礦銀硃金箔助色發艷俗呼艷爲雲頭魚膠增黑多則膠筆鋒牛膠多亦然又無雲頭色少黑魚膠

牛膠皆陳久者好有用羣隊香藥以解膠煤氣者但欲其香不知爲病損色且上飯一蒸之後香氣全無用之何益惟入薔薇露者其香經久不歇其次則丸擀之時旋入腦麝天氣冷時隔宿浸藥暖時當日五更浸藥皆浸至辰巳間帶藥入鍋煎至濃稠絹濾去柤可清逼去濃腳用之先以膠烊開次下研細杏仁攪勻細絹拔去柤腳入前淨藥汁內重湯煮化搜煙造墨陰乾試之無泛沫不膩藥有當研爲細末旋和入劑中者腦麝硃砂藤黃螺青金箔之類也然欲墨之黑一須煙淳二須膠好而減用三須萬杵不厭此不易之法不可全藉乎藥也

搜煙

秤淨煙一斤于白瓷盆盆置櫈上取煮化膠藥汁乘熱以緜濾下煙之中央急手搜勻便人搜如細砂狀盛乾勿濕捻作毬子如盆底有煙膠粘定隨即鏟下捻聚與毬子以布共裹上甑蒸之大墨最難搜和只宜于輭硬則燥裂手劑及有紋墨劑宜半輭脫子墨劑宜極輭硬則難脫不美滿洗光墨劑亦宜輭貴在揉搙多則墨無病當於正月二月三月九月十月十一月爲之餘月非宜也

蒸劑

用瓦甑或木甑嵌在鍋中底下水莫近甑甑底以篾襯滿

墨法集要　七

取前布裹毬子入甑箬匳蓋之四圍毋得走氣猛火蒸之約十數沸候甑內氣合匳上汗下如雨方可取出乘熱入臼杵擣蒸時不可間斷火氣生熟不勻一劑必作三次替換蒸之若杵後仍復乾硬灑些藥汁再蒸或秤下塊子停久凝硬鎚打不轉揉搦不開者亦再蒸之始可用度

杵擣

用青石臼一枚外不拘方圓內深圓光滑如釜檀木爲杵長六尺餘取蒸透毬子傾臼中乘熱以手按平徐徐杵打俱實乃使二人互杵擣之擣得成餅均勻分一半蒸留一半擣候擣得熟卻換出甑中者擣之如此互換蒸擣得十

分成熟方可住擣貴在擣得四向捲起如椀楪乃摺轉四角再擣假如辰時下臼擣起擣到午時方爲成熟塊劑常要擣溫休得遲慢凝併定了若塊劑輥出難擣再用一人以木鍬捺住擣之倘乾燥黏杵灑藥水少許于劑上不可多約杵七八百杵或千杵柔輭成熟爲度古語云擣不厭多愈擣愈堅此其法也出臼後乘熱搓爲條子任意大小作劑秤之遲慢則凝硬難搓矣

秤劑

取出臼成熟塊子置桌上搓揉作長條濕布密裹納溫暖瓮中旋取出切爲小塊秤架上每段秤準凡濕劑重一兩

四錢者乾之則得一兩餘皆做此秤之放瓷瓶中濕布窨蓋或頓湯內逐塊取出鎚鍊

鎚鍊

用五人相次各備鐵碪鐵鎚每人取劑一丸鐵鉗夾定置于碪上鎚二百餘下麤劑方成光劑再鎚二百餘下光劑始成硬劑再鎚二百餘下硬劑方成熟劑與麪劑相似方可丸搾鎚時若乾燥黏杵略蘸些藥汁潤之古語云一鎚一折鬬手捷是此法也

丸搾

以鎚鍊成熟劑子于光滑硬木桌上摶揉輾逐塊旋入腦

麝再加搏揉勻方可丸擀所貴一氣搓得成就爲善若搓不熟則生硬核或開裂縫猶如炭紋劑不可冷冷則乾硬難搓不能霑黏成就劑大難搓假如四兩重者須分作兩塊各人搓一塊候搓得熟卻併作一塊再搓方可丸擀急手爲光劑緩手爲皴劑一丸即成不利于再必搓得如彈子圓滑無絲毫摺縫方以搏板擀成形製端正捺平乃上印脫更入後項香料久遠研磨香韻不退薔薇露麝香片腦右爲細末再乳如粉無聲爲度每入少許丸擀

樣製

墨之式樣當取則于古人無大小厚薄之限蓋厚大利久

薄小利新厚大難工薄小易善故墨工不喜爲厚大然太大則不便于用太小則難以得色要之厚大雖可貴不若三四兩者得其中也古墨形製多有紋理可尙其法秘而不傳鮮有知者兹恐久後湮沒筆于此編庶傳不朽也

斜皮紋法

搓搦塊子十分成熟搏爲彈丸置當風處少頃卻輕輕左揉轉成紋幹長捺平便上印板印訖取起停暇性定乃入灰池

古松皮法

如製八寸長之墨只擀上六寸長條子用紙簾輥動烘之

若欲麤紋緊火烘細紋慢火烘待皮面稍乾以搏板鬆（上聲讀）長八寸用力壓平即成紋也候冷入灰醃乾刷淨隨意刻字塡金

金星紋法

以轉劑搏爲彈丸濃膠水略潤皮面金箔裹滿置當風處少頃候稍乾向左揉轉成紋擀長捺平不用板印紙襯入灰候乾不用蠟刷以玉砑光隨意雕字塡青

銀星紋法

與前金星紋法同但改用銀箔裹

羅紋法

脫子不拘方圓以稀眼硬生羅依脫子大小剪下膠水黏在脫內上下兩面皆用或只用一面亦得取輾光劑子擀長捺平依脫內大小一體嵌下用力壓實取出紙襯入灰廕乾刷光任意刻字或就刻字脫內

嵌金字法

先鎔化牛膠以少許薑汁和勻筆蘸塗刻字內候乾以金箔量大小吹上紙覆半時新散毫筆拂淨則金字粲然此法最妙

入灰

廕墨須用稻稈灰淋過者名曰敗灰其灰作池無性不猛

日中曬乾羅細用之以木方盤爲灰池不問四時天氣底灰皆用一寸以上面灰用一寸以下灰要攤平不要捺實實則不能滲濕蔭小墨不必紙襯大墨必須紙襯爲佳一免損色二免灰入墨紋每日一度換灰須以一半乾灰一半舊灰和勻用之不可見風見風墨斷出灰太輭亦斷出灰太乾則裂不輭不硬始可出灰出灰之後以刷刷淨便以腦麝錫合灌之紙裹藏之若風中吹晾則墨曲裂須記下蔭出蔭日期凡二月三月八月九月灰池可蔭二層四月五月六月七月可蔭一層十月十一月十二月正月可蔭三層且如蔭三層者先鋪底灰一寸排墨一層又鋪灰

一寸排墨一層又鋪灰一寸排墨一層卻鋪灰一寸蓋之此爲三層也春冬廕一錢二錢重者一日兩夜出灰秋夏廕則一日一夜出灰春冬廕一兩二兩重者二日三夜出灰大略如此亦難太拘日數但以墨相擊其聲乾響即可出灰此是廕松煙墨法若廕油煙墨當稍遲出灰蓋油煙墨元用藥水倍多于松煙墨故乾遲也夏宜高屋陰涼處廕之冬宜密室向陽處廕之冬灰宜厚夏灰宜薄夏秋蒸濕之時膠怕蒸敗最難製墨可停造也深冬極寒之時膠怕凍敗亦難造也冬月濕劑莫久停几案急急入廕久廕出灰遲者則粗白如松煤色終刷不光灰濕則曬天陰則

炒冬寒廕室中晝夜不去火然火大火暴皆爲墨病須審用之也廕大墨法先用稍乾灰鋪平底下以紙上下襯墨以灰蓋之經一日取出別換潤灰如前紙襯灰蓋一日一度換灰換紙約五六日候墨乾時不用紙襯只以墨入乾灰假如辰時一換午時一換戌時一換一日三度乾灰換之約五六日候墨十分乾訖取出刷淨且未可上蠟厚紙裹起無風處半月之後方可見風凡治造半斤重墨宜用此法

出灰

取墨出灰刷淨排細篩中陰眼一兩日再刷淨置當風處

吹晾一兩日候表裏徹乾以粗布擦去浮煙硬刷蘸蠟刷光爲度墨乾硬刷則光澤有色未乾而刷則皮面灰色永刷不黑惟水洗砑光者明亮如漆

水池

石池貯水其上置板板上置墨以舊細草鞋底蘸些水摩擦令墨平整絹帛拭淨停晾候乾刷過粗布擦光馬腦石打砑訖囊貯懸于高處候徹乾紙裏藏之每俟晴明時取出乾帛拭過風中晾片時收之若蒸濕時略用火焙但如人體之溫不可熱也經三兩夏過膠性乾透漸自不蒸初出灰墨亦可以焙焙法于焙籠下置一枚紙灰缸深埋熱

炭團一箇徐徐焙去濕氣杉匣藏之外用黑光漆內不漆置牀上近人氣處以熟漆略刷墨上免濕蒸侵也若製下新墨便經一蒸精華盡去不堪用矣

研試

墨徐徐上下直研自然無沫凊徹若急急縱橫亂研自然生沫漬膩善墨研之如研犀惡墨研之如研泥李陽冰云用則旋研毋令停久停久則塵埃相雜膠力隳亡如泥不任下筆矣墨色以紫光爲上黑元次之青光又次之白光爲下矣光之與色不可偏廢以久而不渝者爲貴惟忌膠光不取也古墨多有有色而無光者蓋因蒸濕敗之使然

非善者也其善者黯而不浮明而有艷澤而無漬是謂紫光墨之絕品也以墨試墨不若以紙試墨或以硯試或以指甲試者皆未善東坡云世人論墨多貴其黑而不取其光光而不黑固爲棄物若黑而不光索然無神彩亦復無用要使其光淸而不浮湛如小兒目睛乃爲佳也霉天用墨研過便拭乾免得蒸敗凡用墨須滴水研之不可以墨入硯池攤水研也

印脫

摶板長一尺一寸闊三寸厚一寸字板長廣不一隨墨大小中凸起二分許刻如墨之製雕字畫成文四周各餘二

寸許以置模搽板亦如其凸起者而外無餘木以入牆內墨之厚薄視劑子多寡焉板並要平正光滑以棗木爲之以搏板推擀成形製置字板上以搽板平平下印之若造脫子大墨最難得劑子滿脫內又難得實須用壓麪牀坐木擔壓之方得四圍都到稜角美滿

墨脫之製七木湊成四木爲牆底面兩板刻銘文畫式于上分陰陽文合而搽之外以堅木穴其中爲箍嵌住使牆不可開以一大小出墨則去箍

宋李孝美

墨譜法式

舊鈔本文津閣本校

四庫全書總目

墨譜法式三卷宋李孝美撰孝美字伯揚自署趙郡人仕履未詳前有紹聖乙亥馬涓序及李元膺序與通考所載合然二序皆稱墨譜而通考則題曰墨苑與序互異案書中出灰磨試二條注曰出墨苑則墨苑別爲一書通考誤也此本題曰墨譜法式與通考又別書分三卷上卷曰圖中卷曰式下卷曰法則法式乃其中之子目安得復爲總名且旣曰墨譜又曰法式文意重疊尤乖體例殆後人妄改今姑據原名書之以存其舊上卷凡采松造窰發火取煤和製入灰出灰磨試八圖圖各有

說今惟采松造窰有圖說餘皆有說而佚其圖中卷凡祖氏奚庭珪李超李珪李承晏李文用李惟慶陳贇張遇盛氏柴珣宣道宣德猛州貢墨順州貢墨及無名氏十五家之式亦各繪面圖漫圖惟以奚庭珪李庭珪分爲二人且謂奚不如李遠甚與南唐書奚庭珪賜姓爲李之說大異未詳何據其目列盛氏在柴珣前而圖則盛在柴後傳寫誤也下卷凡牛皮膠鹿角膠魚膠減膠冀公墨仲將墨庭珪墨古墨油烟敘藥品膠十一法而牛皮膠有二法庭珪墨有二法古墨有三法油烟墨有六法實二十法其持論皆剖析毫芒具有精理自明以

來油烟盛行松烟之製久絶孝美所論雖今人不能用
然古法古式藉以得傳亦博物者所當知也

墨譜法式序

士大夫之好事者蓄圖畫書刻器用之類必皆以傳之久者爲貴書畫至於漫蝕而不完器用至於詭怪而難辯則寶而藏之爲愈至而或者非之曰此世俗之人貴耳賤目者也道藝工巧無世無之何獨榮古而陋今乎是蓋不然大抵古人之敦重信實無所不用其極故其施之事物雖各述作不同然必要之盡善而後已其才不逮於盡善者有矣然非能傳之久者也傳者斷木爲棋梡革爲鞠亦皆有法棋鞠戲玩之用爾古人爲之猶且不苟而曰有法存焉況於不待爲戲玩者乎嘗考周官究其爲弓矢輪輿之

類斬伐矯揉斲削之巧筋角齒革羽毛之用必求之天時
審之地氣然後以工巧成之其言纖纖若煩而不可信然
而聖人存之以爲書後世守之以爲經由是益知夫古人
制作其用心如此所以可貴於後世者然也趙郡李伯揚
集墨譜三卷曰圖曰式曰法其講貫品藻無不詳雖使未
嘗留意於其間者一觀其書而所得過半善辯者亦不能
勝也其敘祖氏以下數十家類皆尊尚前輩而以後來者
弗及豈特爲好古者也蓋伯揚之所集固嘗稽之舊聞而
參以所試矣其制作之要已能自得其妙其品第去取信
而不誣非所謂貴耳而賤目者也雖然觀其用心於一物

必臻其極如此此則擴而充之蓋知其所學之必到也紹聖乙亥十一月二十日承議郎通判遂州軍州兼管內勸農事借緋馬涓序

予友李伯揚以其所次墨譜寄予云予生平無所好顧獨好墨聞人有善墨求觀之不遠千里凡得古墨近百品森然如斷圭破璧膚理堅凝擊之有聲試之其光如漆念世人不能盡見其久而遂不傳也乃存其形製而書工之姓名於其上又嘗親至魯山從竈工野人講問爲墨之法如伐松取煤品膠用藥揉劑入灰之類纖悉畢具有言所不能載者則見之圖畫欲使天下皆知爲墨之法而從事於

其間庶幾有如古人者出焉凡爲書三卷書成久而未有敘文願求重於君以行乎世予讀之而笑曰嗟乎如伯揚其可謂好事也哉夫墨几案間一閒澹物也世人徒以簡牘所資蓋不可少其亦無足甚好者而伯揚汲汲焉如有聲色臭味酷好而力求之忘其身之勞也其用心不亦異乎既自以爲可好因爲天下之人皆與己同欲推其所好者共之其又難哉此書之出如昌歜戎菽不惟同好者少其又且笑之以伯揚嗜好之癖也雖然亦安知無君子用是以知伯揚者昔嵇叔夜好鍛王武子好騎阮遥集好蠟屐此其於人之賢不肖非有所損益也而載在史冊爲千

古之美談夫君子之觀人不必於其大者得其平居言笑之餘以及其所玩好而足以窺見其所存此三物初若無足言而世有鑽李核障錢簏者則其淸濁何如也將見百世之下好事者得墨譜而難焉因以知伯揚好尚而想見其人則其風流遠矣豈止行於一世也哉東平李元膺敘

墨譜法式總目

宋李孝美撰

宣道　宣德　猛州貢墨　順州貢墨

不知名字

卷下

法

膠　鹿角膠　魚膠　減膠

冀公墨　仲將墨　庭珪墨　古墨

油煙墨　敘藥　品膠

墨譜法式卷上

宋李孝美撰

圖

採松　　造窰

發火　　取煤

和製　　入灰

出灰　　磨試

採松

右採松之肥潤者截作小枝削去簽刺懼其先成白灰
隨煙而入則煤不醇美

造窰

右造窰用板各長九尺闊尺餘每兩板對倚相次全用泥封合窰梢一角爲突蓋以高下角突大小約二寸徑合如窰病燃火有礙及出煙不快卽開突斟酌脩治事訖復閉之窰心地面上亦有出氣眼直通突外以備出氣其窰至十二步陡低一邊留取煤小門一邊用石板對倚爲巷至六步爲大巷又漸小一步爲拍巷又五步節次低小爲小巷又半步爲燕口只闊二寸高五寸大堂下安臺臺下鑿兩小池一池以備積灰一池以浸小掃箒以備掃灰

發火

發火要活不用多然然死灰多則墨不黑也廷珪墨所以妙正緣此此造法第一關也大韶云造墨何須火力堅火微煙重自然妍

右窑相並三四眼留一二眼爲減火每以松三兩枝細細發火候及六七分將殘者於別眼燃之應有灰落即以濕箒掃入池中無使揚也別眼皆取常煤

取煤

煤貴陳宿隔旬日尤佳又一種栢煤出終南蒲大韶多用之李欣父子用之尤妙栢煤薄取最不易

右燒煤自發火止於十日不候窑冷令人開巷邊小門而入以扇子取分前後中爲三等唯後者最優墨苑云窯之末者爲上中者次前者又其次故窑稍懸板者謂之茸頭揉殺即名珠子他無以加也

和製

入膠水等分復用眞煙發之遲二日入套板俟稍乾微火薰五七刻冷後加明膠佳　蒲大韶和製與李氏異見宣靖錄方

右用好醇煤乾擣以細絹篵於缸中篵去草芥不可露篵慮飛散也或用密羅上下各以紙爲袋羅之亦佳每和入膠物拌搜至

勻下鐵臼中寧乾勿濕擣三萬擣多多益善不得過二月九月溫時敗臭寒則難乾潼溶風見日解碎重不得過三兩寧小不大出齊氏要術韋誕墨法

入灰

不入灰性燥不可久用多則色白此尤難事

右用好柴炭灰相半篩細按平以紙襯放墨再以紙覆布灰冷密大約五六日可出矣亦有不用灰池於密室中用棚去地三尺置箔於上籍之用糠麥稻皆可無害於成獨兗州陳氏世世用之

出灰

微火薰一晝夜細擊之其滓自落莛珪法不同見後

右墨出灰池以繩辮之掛梁間（無近牆邊牆墨曲）候乾用水刷令平淨再以黃蠟滑石出光有堅製者至佳收貯以紗囊懸透風處（出墨苑）

磨試

用舊紫石研新水不着力磨二一刻試佳磨重則劑易剝色澤不勻　是蒲墨用栢煙尤不堪重宣和試墨方甚備今採摘其說

右研墨要涼涼則生光不可熱熱則生沫蓋忌其研急則墨熱也李陽冰云用則旋研無令停久久則塵埃相

污膠力墮亡如泥鈍不任下筆矣出墨苑

墨譜法式卷中

宋李孝美撰

式

祖氏　奚庭珪

李超　庭珪　承晏　文用　惟慶

張遇　陳贇

盛氏　柴珣

宣道　宣德

猛州貢墨　順州貢墨

不知名氏

右祖氏易水人故以濟土爲號年已久遠罕有存者

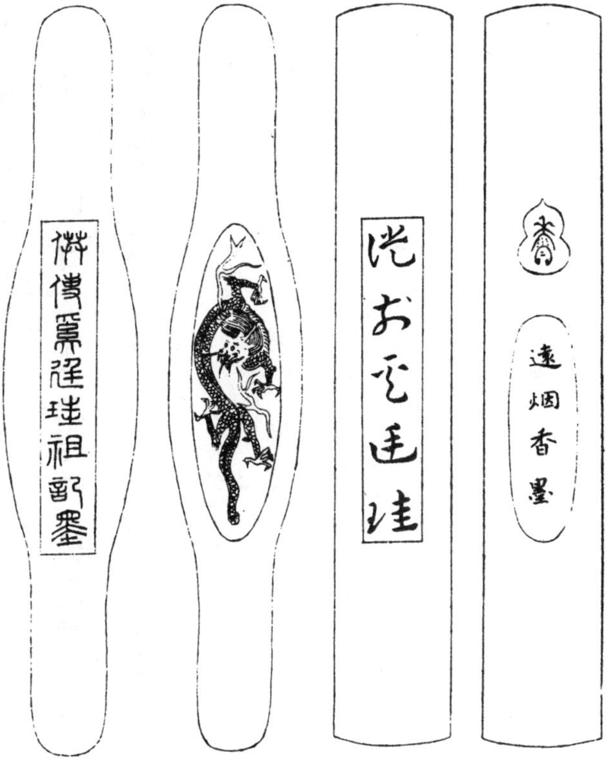
遠烟香墨

右奚庭珪墨二品一面曰遠烟香墨漫曰從前奚庭珪其一面有特龍漫曰供使奚庭珪祖記墨皆狹薄輕脆多斷折枝其精㣲不及李廷珪遠甚安敢望超也

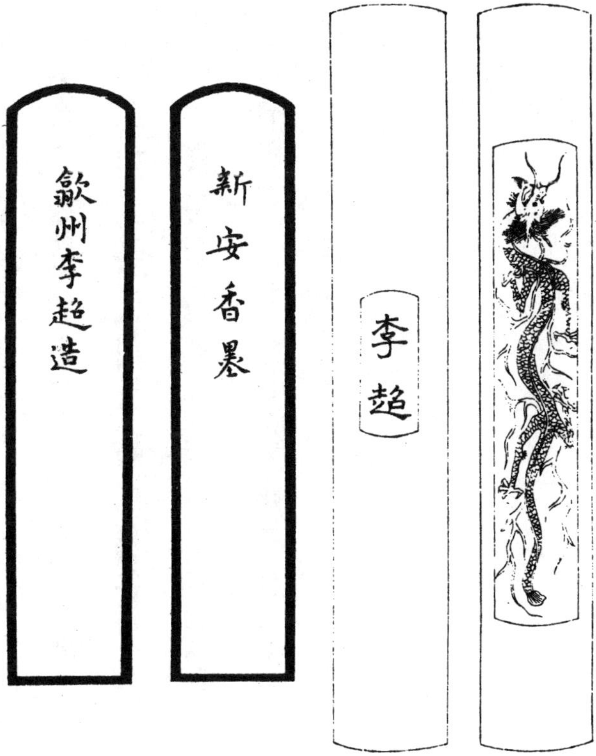
李超
新安香墨
歙州李超造

右李超墨有二品其面或有特龍者或有新安香墨者其漫曰歙州李超造一止曰李超其號雖異亦互有精觕精者其堅如玉其文如犀寫千幅紙不耗三分墨苑載徐常侍云嘗得李超墨一挺與弟鍇共用十年乃盡磨處邊際有刃可以割紙自後用李氏墨無及者以此知超精意爲之者廷珪不及也

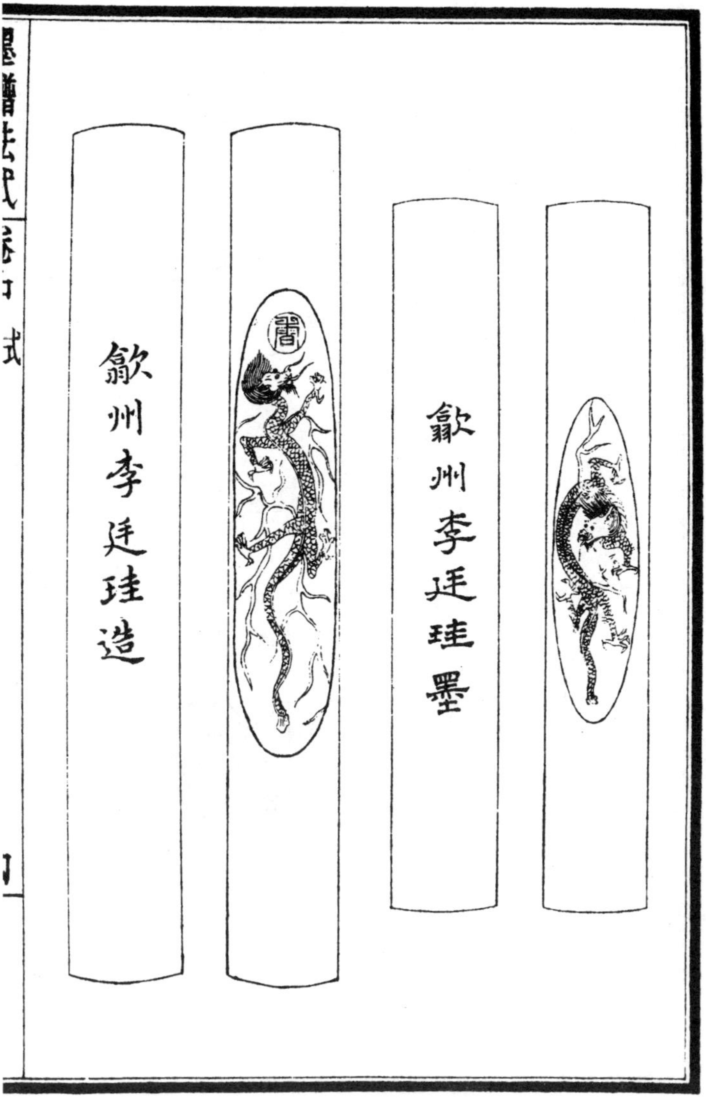
歙州李廷珪造
歙州李廷珪墨

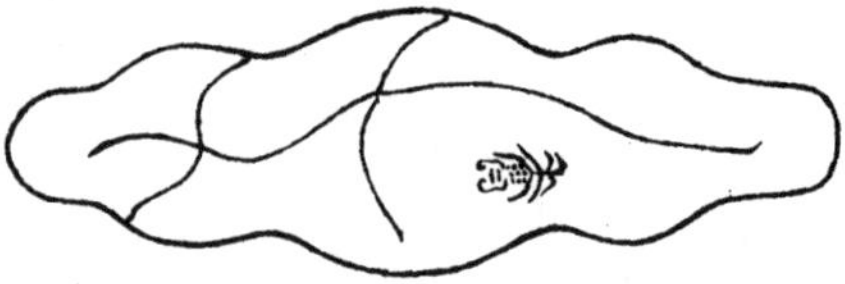

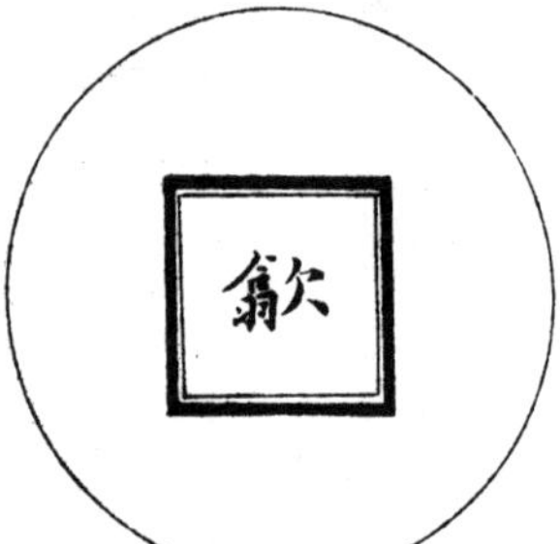
歙

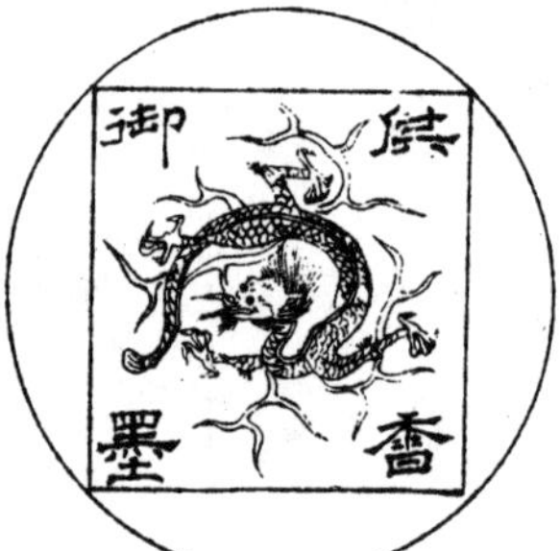
御
香
墨

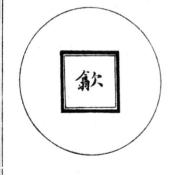

右李廷珪大墨有二品其一面曰歙州李廷珪墨漫有特龍其一面曰歙州李廷珪造漫有雙脊特龍小墨有握子者上止有一香字其豐肌膩理光澤如漆又有小餅子面有蟠龍四角有供御香墨字漫止有一歙字前四品無粗者非法之至精曷能臻於此哉

右李承晏

右李文用

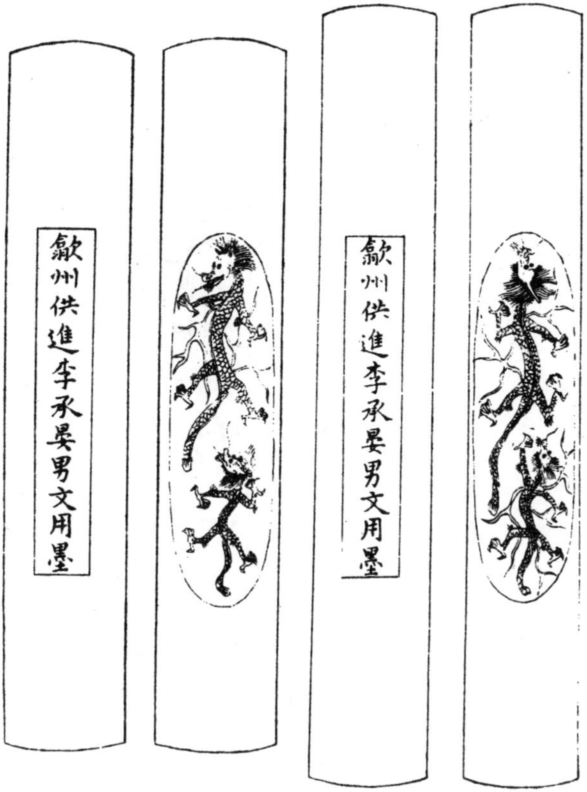
歙州供進李承晏男文用墨
歙州供進李承晏男文用墨

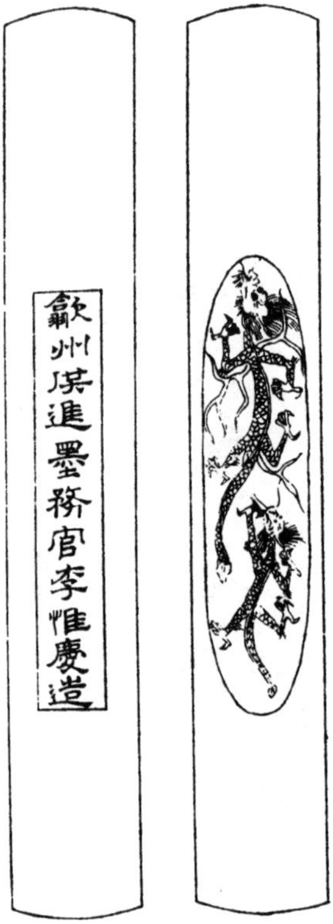
歙州供進墨務官李惟慶造

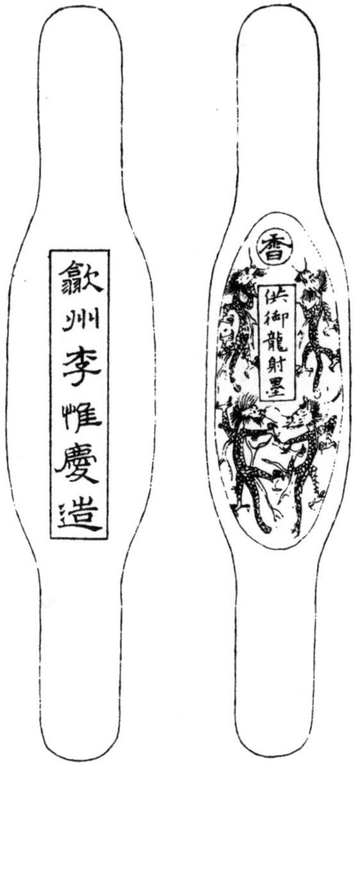

右李惟慶　按李氏墨惟超及廷珪爲嘉承晏文用次之惟慶小挺子優於大墨可亞廷珪也

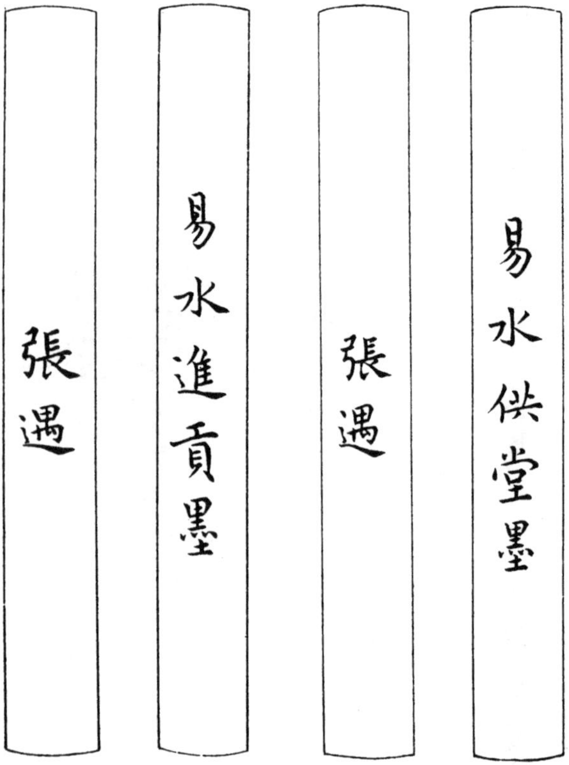
易水供堂墨
張遇
易水進貢墨
張遇

供御
香墨

龍腦
張遇

供御
香墨

麝香
張遇

右張遇大墨二品一曰易水供堂墨一曰易水進貢墨其漫皆有張遇字又有圓墨二品面皆有蟠龍四角有供御香墨字其漫一曰麝香張遇一曰龍腦張遇或云宮中畫眉墨不知何代所貢也

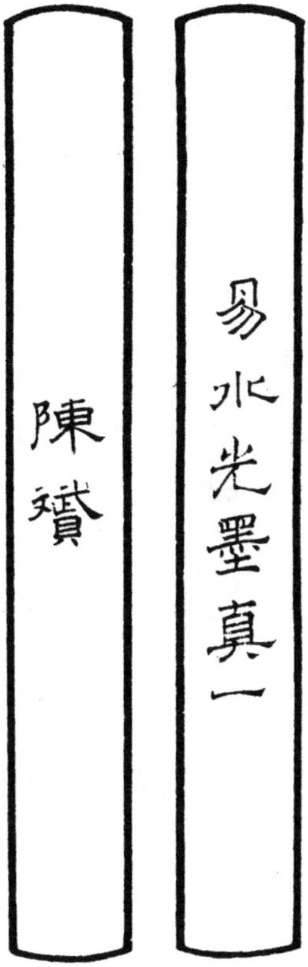

右陳贇世傳不多與張遇等

篆　於歙様香墨

宛陵盛皓墨

篆　於歙様香墨

宛陵盛通遠

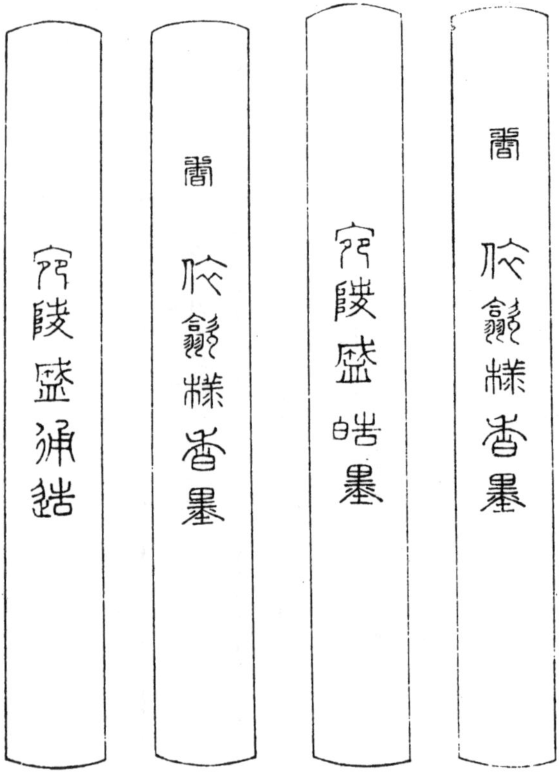

右盛氏四品

右柴珣

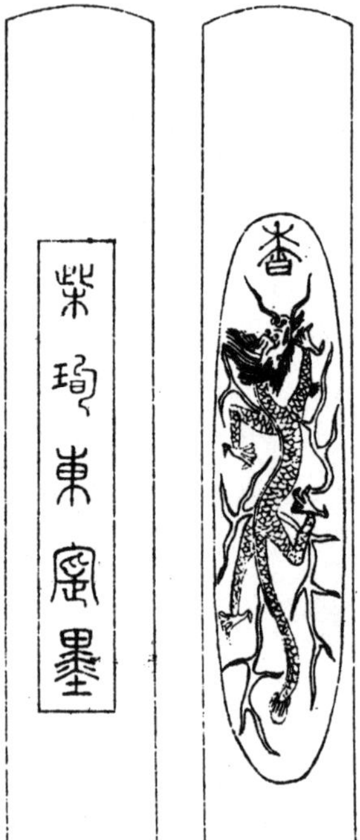

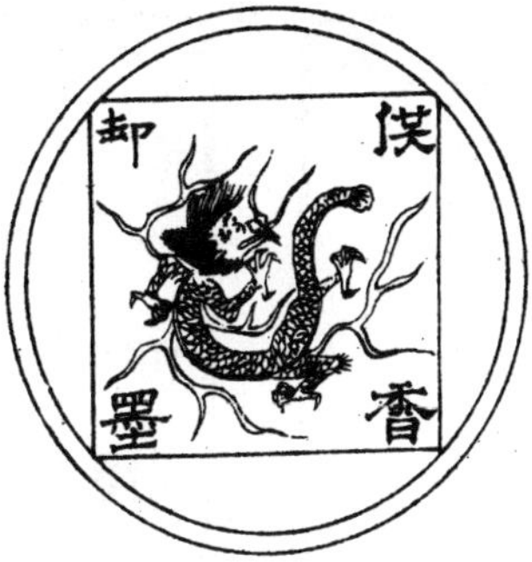

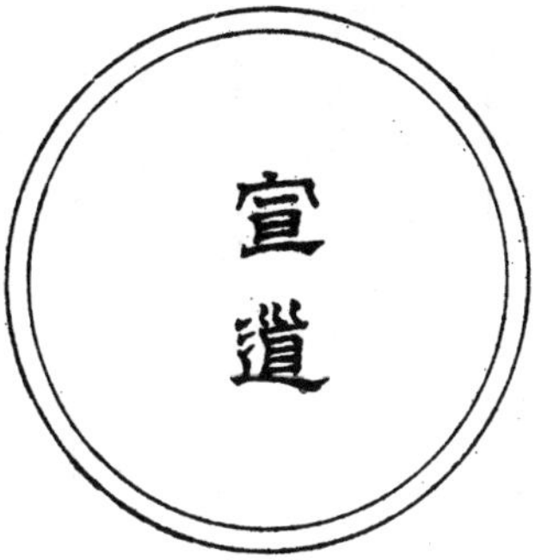

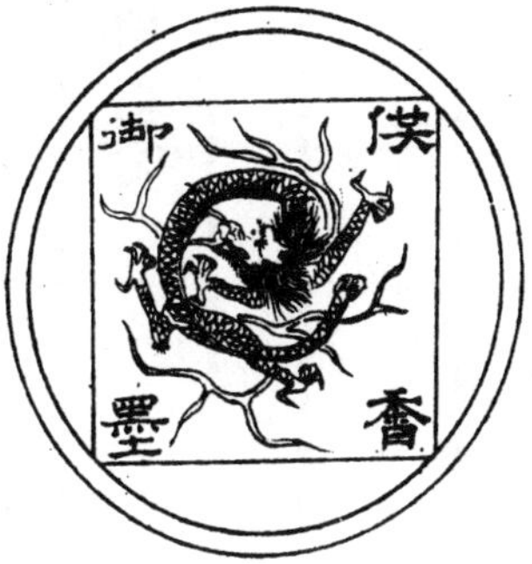

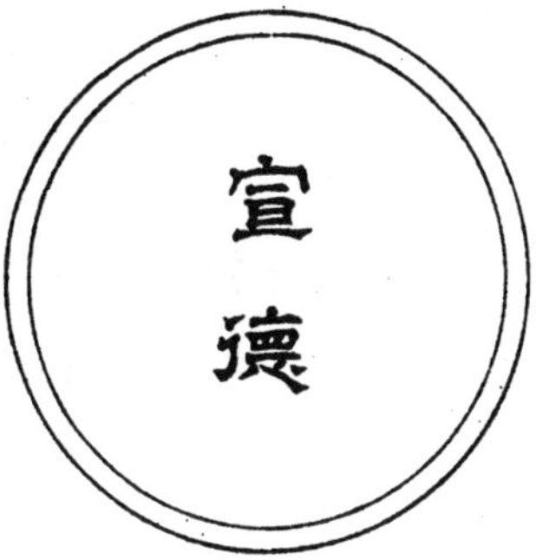

右宣道宣德不知何許人其形製頗類廷珪疑歙人也

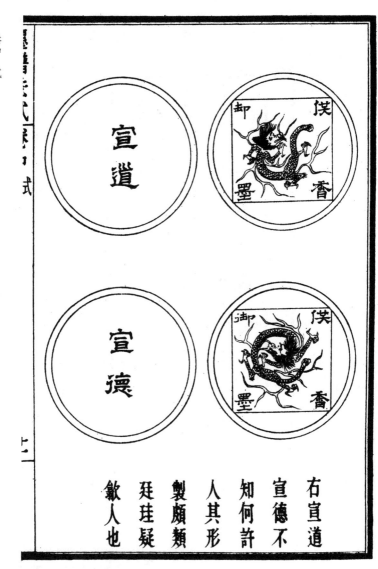

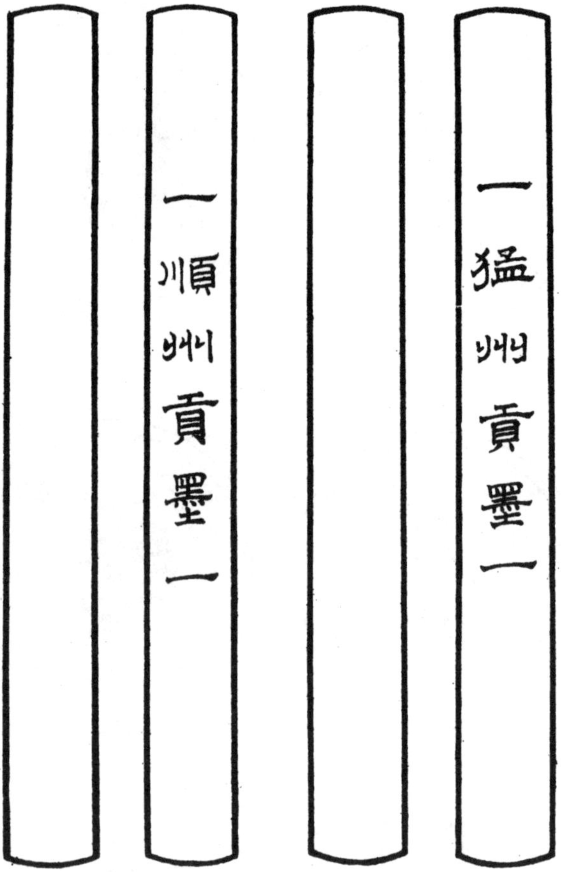
一猛州貢墨一
一順州貢墨一

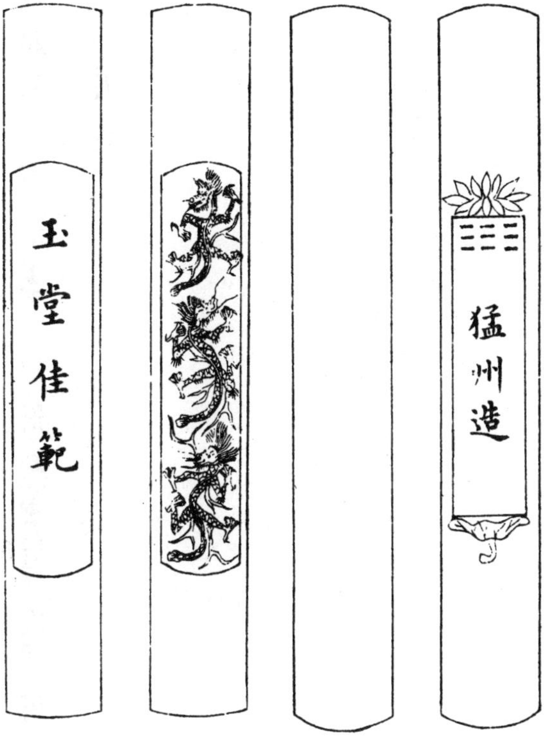
玉堂佳範
猛州造

右新羅大墨二品一曰猛州貢墨一曰順州貢墨率長挺堅輕如革又有小墨二品形製實厚光澤可愛校其精𢡃大不及也

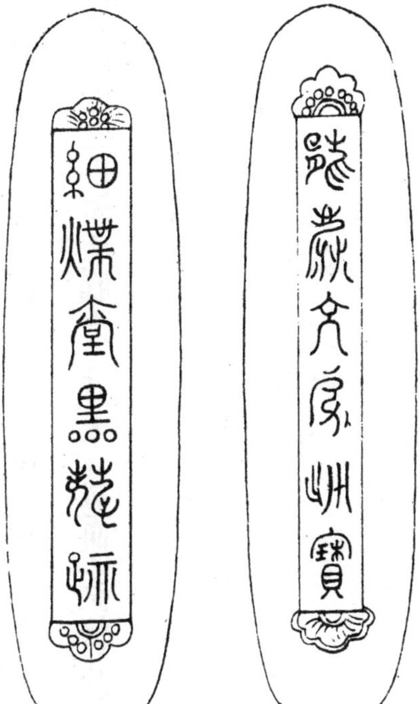

右一品不知何郡誰氏所製形製闊厚紋如靴皮蹙縮然面漫有字不類今書約其文面曰龍麝文房祕寶漫曰細煤烟黑龍跡其色澤如新羅外有朱君德耽德眞及袞州諸陳墨世多收之皆少精而多犄故其形製此所不錄

墨譜法式卷中終

墨譜法式卷下

宋李孝美撰

法

膠

煮膠要用二月三月九月十月餘月則不成 熱即不凝無膠作餅寒即凍瘃合膠不粘 以沙牛皮或水牛皮水浸四五日令極液淨洗濯無令有泥不須削毛 削毛費工打膠無益 片割着釜中 唯欲舊釜大而不渝者釜新則燒合皮着底釜小費著火釜渝令膠色黑 凡水皆得煮然鹹苦之水膠乃更勝長作匕匕頭鐵及時時徹底攪之勿令著底 匕頭不施鐵刃雖攪不徹底不徹底則焦焦則膠惡是以尤須數數攪之 水少更添常使滂沸經宿晬時勿令絕火候皮爛熟以已瀝汁看末後一珠微有粘勢膠便熟矣以初挹所濾去滓穢瀉淨乾盆中 挹時勿停火火停沸定則皮膏汁下挹不得也 淳熟汁盡更添水煮之攪如初法熟後挹取看皮垂盡著釜焦黑無復粘勢乃棄去之膠盆向滿舁著空靜

屋中仰頭令凝蓋則氣變成水令膠解離淩旦令席上脫所凝膠口濕細緊線以割之其近盆底土惡之處不中用者割去少許然後十字拆破之又中斷為段較薄割作餅唯末上膠皮如粥膜者為最近盆之上者次之末下者不佳即苯膠也先於庭中豎槌施三重箔摘令免狗鼠於最下箔上布置膠餅其上兩重為作蔭涼并扞霜露膠餅雖凝水汁未盡見日即消霜露霑濡難復乾燥旦起至食時卷去上箔令膠見日淩旦氣寒不畏消釋霜露之潤見日即乾食後還復舒箔為蔭雨即納敝屋之下則不須重箔四五日浥浥時繩穿膠餅懸而日曝極乾乃納屋內懸紙籠之以防青蠅塵土之污夏中雖軟相至八月秋涼時日中曝之還復

堅好出齊民要術

水牛皮不以多少生去肉并毛根洗浸極淨入大鍋慢火煮三兩日令皮極爛如水耗旋添溫水候鍋內有粥面爲度漸減火不添水傾在盆內濾取清汁不住手攪至濕務要出盡熱氣候凝以綫割之並如前法

鹿角膠

大鹿角十斤截成二寸河水浸一月洗淨入大鍋添水五斗黃膠四兩同煮常令沸水耗卽添湯勿入冷水日夜熬至二㪷方去鹿角折濾極淨去滓再入小鍋用炭熬至成貯磁器中候凝卽切作片子於通風處放乾

魚膠

鯉魚鱗不計多少水浸一日洗令極淨以無油鍋內添水慢火煮一伏時候鱗爛濾去滓再滓稀稠得所澄取清者候凝勒作片子或傾在半竹筒內頓風處候乾收

減膠

鰾半斤膠一斤同以冷水浸一伏時先將鰾用笋葉裹定緊繫水煮百餘沸去笋葉乘熱入臼中急擣至爛次入浸鹿膠及豬膽汁一盞藤黃一分同擣至稀勻得所就臼放凝取出勒作片子放乾

冀公墨

松烟二兩丁香射香乾漆各少許以膠水搜作挺火烟上薰之一月可使

仲將墨　蕭子良答王僧虔書云仲將之墨一點如漆

醇烟一斤以上以膠五兩溫庭筠云五兩新膠乾輕入用出墨苑浸梣皮汁中不可下雞子白去黃五顆亦以朱砂墨苑作眞珠拔本草丹砂作末名眞砞陶隱居云眞珠即今朱砂也珠字恐是傳寫之繆也一兩射香一兩別治細篩都合稠餘見和製圖其次他法准此

庭珪墨

牛角胎三兩洗淨細剉以水一斗浸七日皂角三挺煮一日澄取清汁三斤入梔子仁黃蘗秦皮蘇木各一兩白檀

半兩酸榴皮一枚再浸三日入鍋煮三五沸取汁一斤入魚膠二兩半浸一宿重湯熬熟入碌礬末半錢同濾過和煤一斤

藥汁一斤入減膠三兩浸一宿重湯煮化令熟綿濾和煤一斤乘熟搜勻

古墨

紫草秦皮皂角蘇木牛角胎酸石榴皮各一兩細剉用清水煮取汁一斤濾過入膠六兩青黛半兩同熬候勻化再濾過煤一斤於淨盆內逐旋入膠搜勻

秦皮蘇木各二錢甘松藿香酸石榴皮半兩煎汁一斤六

兩浸鹿角膠二兩半重湯煮耗一二分用厚綿濾過和煤一斤四兩更入熟漆一兩

酸石榴皮秦皮牛角胎各三兩黃蘗二兩五倍子巴豆各一兩穎青半兩碌礬一分皂角三挺並剉細入水二斗浸一兩宿入鍋慢煮至七八升去滓折濾淨汁再熬至三升厚綿濾過取淨汁一斤傾入大椀內和猪膽汁半盞鹿角膠五兩重湯化熬令沫散不住手攪再以綿濾煤一斤搜和勻更入細研藤黃生龍腦各一錢

油烟墨

桐油二十斤大麄椀十餘隻以麻合燈心旋入油八分上

以瓦盆蓋之看烟煤厚薄於無風淨屋內以雞羽掃取此二十斤可出煤一斤秦皮二兩巴豆黃蘗各一兩梔子仁甘松香陵零香各半兩皂角五梃細槌碎以水五升浸一宿次日於銀石器內慢火煮至耗半濾去滓秤取一斤入膠四兩再熬化盡退火放冷經宿旋旋入煤搜勻

清油麻子油瀝青作末各一斤先將二油調勻以大碗一隻中心安麻花點著旋旋摻入瀝青用大新盆蓋之周圍以瓦子襯起令透風薰取以翎子掃之每煤四兩用潁川梳頭膠一兩先以秦皮水煎取濃汁四兩并膠再熬勻化搜煤

淸油一斤瀝靑一斤先以紫草二莖燈心十莖共作一束可長三寸於一大椀膠定傾油在內握一地穴子埋定露椀唇兩指合以新盆三五斗大用博子三脚襯起點著草至夜掃之酸石榴皮胡桃靑皮各二枚呵梨勒一分靑黛半兩皂角三梃並碎之以水二斗煮及一斗以綿濾取汁一斤入膠四兩再熬不住攪候沫散和煤一斤煤少再依前法燒取

麻子油二斤掘地坑子開三吵道置一大椀傾油在內以麻花作心合以新盆不襯起勿令透氣每一斤油可取煤九錢紫草巴豆秦皮黃蘗等分以水煎取濃汁放冷浸膠候軟木臼內杵如稀糊量煤和之

麻子油瀝青相半慢火煉勻以紫草細茸三莖燈心五莖麻皮纏定齊截作三寸長用釘脚插定置椀底傾油在內撅一地坑約深五寸徑七寸三面開吵道各長尺餘闊四五寸近坑闊一寸塼泥蓋了納去坑四五寸安油椀坑內以半塼襯定吵口須近椀下勿令風吹著椀唇坑上合新瓦礶一隻於口邊開三寸口子要看火却用濕紙封合底上開透作圓口子徑一寸半其上以次相乘至七八隻逐隻只於底上開放口子自下漸大唯末上者只留三分小眼子勿閉合令出其氣每礶唇亦用濕紙封了點著候油盡從上礶掃煤入袋牛角胎酸石榴皮秦皮各三兩草烏

頭紫草巴豆呵梨勒各半兩細剉一處用水三斤浸五七日慢火熬耗一半濾去滓入膠五兩化勻和煤一斤以大麻子油沃糯米半碗强碎剪燈心堆其上燃爲燈置一地坑子中用一瓦鉢微穿透其底覆其焰上取煙煤重研過以石器中煎者皂角膏并研過者糯米膏入龍腦射香秦皮末和之

敍藥

秦皮（解膠益色一名梣皮一名石檀陶隱居云俗謂之樊槻皮以水漬之和墨書色不脫齊民要術云江南樊鷄木也溫庭筠書云韋曜名方即永雞禾）藤黃雞子淸生漆牛角胎（至堅）猪膽鯉魚膽（至黑而澤）甘松藿香零陵香白檀丁香龍腦射香（碎膠煤氣歐陽

通每書其墨必古松之烟末以射香方下筆地榆虎杖卷柏五倍子丹參黃連黃蘆紫草鬱金茜根黑豆百藥煎蘇木胡桃青皮草烏頭牡丹皮棠梨葉呵梨勒助色段成式書云棠梨所染滋節多方梨勒共和周遮無法皂角除濕氣梔子仁青黛去膠色黃蘗研無聲川頭烏膠力不勁酸石榴皮硯中遲散巴豆增肥多則損光磟礬如黑色則敗膠朱砂益色李白酬張司縣歌上黨赤松烟夷陵丹砂末蘭射凝珍墨精光乃可掇烏賊魚腹中墨諸法未見入用陶隱居云烏賊腹中有墨今作好墨用之

品膠

一魚膠唯番禺者佳　二減膠

三梳頭穎川膠山子是也　四鹿角膠墨藪云凡書必取廬山之松烟岱郡之鹿角膠十年之上

强如石者少墨譜云祖氏
墨必以鹿角膠煎膏和之

五阿膠

鄆膠有兩等一牛火一鳥爐
艾和墨必以牛皮者爲勝

六膠

作將冀公墨法唯有好膠
號爲精製取力而取色也

採松
墨譜法式
二

造窯

發火

取煤
墨譜法式
五

和製
墨譜法式
六

入灰

出灰
墨譜法式
九

磨試

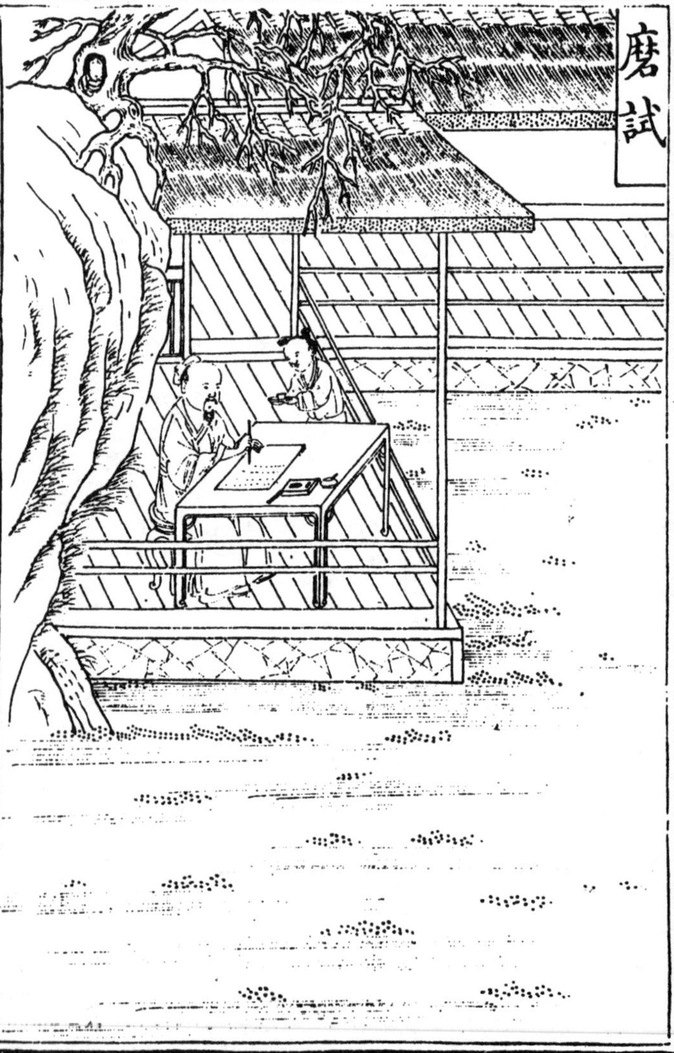

圖書在版編目（CIP）數據

墨法集要 ／（明）沈繼孫撰．墨譜法式 ／（宋）李孝美撰．-- 杭州 ：浙江人民美術出版社，2013.8 (2013.11 重印)
（古刻新韻二輯）
ISBN 978-7-5340-3546-3

Ⅰ．①墨… ②墨… Ⅱ．①沈… ②李… Ⅲ．①墨－研究－中國－古代 Ⅳ．① K875.44

中國版本圖書館 CIP 數據核字 (2013) 第 173766 號

責任編輯：洪　奔 黄　行
封面設計：吕逸爾
責任校對：霍西勝
責任印製：陳柏榮

墨法集要 墨譜法式〔明〕沈繼孫〔宋〕李孝美

出版發行　浙江人民美術出版社
地　　址　杭州市體育場路347號
電　　話　0571-85176089
網　　址　http://mss.zjcb.com
經　　銷　全國各地新華書店
製　　版　杭州美虹電腦設計有限公司
印　　刷　浙江海虹彩色印務有限公司
開　　本　787×1092　1/32
印　　張　4.875
版　　次　2013年8月第1版 · 第1次印刷
　　　　　2013年11月第1版 · 第2次印刷
書　　號　ISBN 978-7-5340-3546-3
定　　價　32.00圓

古刻新韻

初輯

天工開物〔明〕宋應星
授衣廣訓〔清〕董誥等
宣德彝器圖譜〔明〕呂震
離騷圖〔明〕陳洪綬等
明刻傳奇圖像十種〔明〕王文衡
雲臺二十八將圖〔清〕張士保
康熙耕織圖〔清〕焦秉貞
園冶〔明〕計成
仙佛奇踪〔明〕洪應明
梅花喜神譜〔宋〕宋伯仁
芥子園畫譜全集〔清〕王槩等
茶具圖贊（外三種）〔宋〕審安老人等

二輯

晚笑堂畫傳〔清〕上官周
古玉圖考〔清〕吴大澂
任熊版畫〔清〕任熊
野菜博録〔明〕鮑山
墨法集要〔明〕沈繼孫
墨譜法式〔宋〕李孝美
素園石譜〔明〕林有麟
封泥考略〔清〕吴式芬等
停雲館法帖〔明〕文徵明等

三輯（即出）

欽定武英殿聚珍版程式〔清〕金簡
竹譜詳録〔元〕李衎
紅樓夢圖咏〔清〕改琦
植物名實圖考〔清〕吴其濬
山海經箋疏〔清〕郝懿行等
陳洪綬版畫〔明〕陳洪綬
文房肆考圖説〔清〕唐秉鈞
淳化閣帖〔宋〕王著
寶晋齋法書〔宋〕米芾
戲鴻堂法帖〔明〕董其昌